Made in the USA
Monee, IL
20 June 2022

98297002R00057